FALKE
BIBER
HIRSCH
SPECHT
LACHS
BRAUNBÄR

DEIN PERSÖNLICHES
INDIANERHOROSKOP

FALKE

Kenneth Meadows

Illustrationen von Jo Donegan

Verlag Hermann Bauer
Freiburg im Breisgau

Die Deutsche Bibliothek – CIP-Einheitsaufnahme

Ein Titeldatensatz für diese Publikation ist bei
Der Deutschen Bibliothek erhältlich

Die amerikanische Originalausgabe erschien 1998 by Dorling Kindersley Limited,
London, unter dem Titel *The Little Library of Earth Medicine*

Konzeptentwicklung: GLS Editorial and Design, London
Redaktion: Jane Laing
Design: Ruth Shane, Luke Herriott
Lektorat: Claire Calman, Terry Burrows, Victoria Sorzano
Illustrationen S. 16, 17, 31: Roy Flooks; S. 38: John Lawrence
Fotoaufnahmen: Mark Hamilton
Fotos S. 8/9, 12, 14/15, 32: American Natural History Museum

Deutsch von Maria Müller, München
Lektorat: Sylvia Schaible

1. Auflage 2000
ISBN 3-7626-0768-0

Satz: Fotosetzerei Scheydecker, Freiburg i. Br.
Druck und Bindung: L. Rex Printing Company Ltd., China
Printed in China

INHALT

EINFÜHRUNG

ERD-MEDIZIN

DIE INDIANER NORDAMERIKAS VERSTEHEN UNTER MEDIZIN KEINE ÄUSSERE SUBSTANZ, SONDERN EINE INNERE KRAFT – SOWOHL IN DER NATUR ALS AUCH IN JEDEM MENSCHEN.

Die Erd-Medizin ist eine einzigartige Methode zur Erstellung eines Persönlichkeitsprofils. Sie beruht auf dem indianischen Verständnis des Universums und den Prinzipien des heiligen Medizinrades.

Die Indianer Nordamerikas glaubten, daß der Geist – wenn auch unsichtbar – die Natur durchdringt, und so war ihnen die ganze Natur heilig. Tiere betrachteten sie als Boten des Geistes. Sie erschienen ihnen auch in Wachträumen und übermittelten Macht und Stärke – die »Medizin«. Wer solche Träume empfing, erwies der Tierart, die ihm erschienen war, seine Ehrerbietung, indem er auf zeremoniellen und Gebrauchsgegenständen ihr Abbild wiedergab.

Die Schamanenrassel
Schamanen verbanden sich mit Hilfe von Rasseln mit ihrem inneren Geist – hier die Rassel eines Tlingit-Schamanen.

DIE NATUR IM MENSCHEN

Die indianischen Schamanen – die weisen Männer des Stammes – erkannten Ähnlichkeiten zwischen den Naturkräften, die in einer bestimmten Jahreszeit

»Der Geist hat dir die Möglichkeit geschenkt, in der Schule der Natur zu lernen.« *Lehre der Stoney*

vorherrschten, und den Menschen, die in dieser Zeit geboren wurden. Zudem entdeckten sie, wie die Persönlichkeit von den vier Mondphasen beeinflußt wird, und zwar sowohl bei der Geburt als auch im Laufe des weiteren Lebens. Auch der ständige Wechsel im Energiefluß von Aktiv zu Passiv wirkt sich auf den Menschen aus. Diese Weltsicht ist die Grundlage der Erd-Medizin; mit ihrer Hilfe können wir erkennen, wie die Dynamik der Natur in uns wirkt und wie wir unsere angeborenen, als Potential bereits vorhandenen Stärken entwickeln können.

Tierornament

Für die Anasazi, die dieses Ornament schnitzten, war der Frosch ein Symbol für Anpassungsfähigkeit.

Medizinräder

In den kulturellen Traditionen der Indianer gab es eine Reihe von kreisförmigen Symbolbildern und -objekten. Diese heiligen Kreise wurden Medizinräder genannt – wegen ihrer Ähnlichkeit mit den Speichenrädern der Wagen, die die Siedler ins Herz des Landes brachten, das einst Eigentum der Ureinwohner war. Jedes Medizinrad zeigte die Verbindung zwischen unterschiedlichen Objekten oder Eigenschaften innerhalb eines größeren Ganzen und die Bewegung der verschiedenen Kräfte und Energien darin.

Ein Medizinrad könnte man als das »Meisterrad« betrachten, denn es wies auf das Gleichgewicht der Natur und den besten Weg hin, in Harmonie mit dem Universum und mit sich selbst zu gelangen. Auf diesem Meisterrad baut auch die Erd-Medizin auf (s. S. 10–11).

Festtagsschale

Stilisierte Bären-Schnitzereien schmücken diese Festtagsschale der Tlingit. Bei den Indianern galt der Bär als Symbol für Stärke und Selbständigkeit.

DAS MEDIZINRAD

Das äußere Rad ist in zwölf Geburtszeiten aufgeteilt. jede hat ihr eigenes Tiertotem und eine Affinität zu einem ganz bestimmten Stein, einem Baum und zu einer Farbe. An der Nabe des Rades liegt – umgeben von Darstellungen der Elemente, der Himmelsrichtungen und des Energieflusses – das Wakan-Tanka, das Symbol der unsichtbaren Energien, die in der physischen Realität Gestalt annehmen.

Jahreszeit der Geburt
Jeder der zwölf Abschnitte des Rades steht in Bezug zu einer bestimmten Zeit des Jahres (s. S. 12–13).

Wakan-Tanka
Mit diesem mächtigen Symbol stellten manche Stämme Energie dar, die Form annimmt (s. S. 24).

Stein-Affinität
Jeder Geburtszeit entspricht ein bestimmter Stein (s. S. 14–15).

Baum-Affinität
Jede Geburtszeit hat einen Bezug zu einer bestimmten Baumart (s. S. 14–15).

Geburtstotem
Jede Geburtszeit wird durch ein Tiertotem verkörpert (s. S. 16–17).

Richtungstotem
Jede Geburtszeit steht unter dem Einfluß einer der vier Himmelsrichtungen (s. S. 18–19).

Grundelement
Jede Geburtszeit wird grundlegend von einem der vier Elemente beeinflußt (s. S. 20–21).

Elementaspekt
Jede Geburtszeit hat ihren eigenen Elementaspekt (s. S. 20–21).

Energiefluß
In jeder Geburtszeit fließt Energie im Wechsel zwischen Aktiv und Rezeptiv (s. S. 24).

DIE ZWÖLF GEBURTSZEITEN

DIE STRUKTUR DES MEDIZINRADES BAUT AUF DEN JAHRESZEITEN AUF UND SPIEGELT SO DEN MÄCHTIGEN EINFLUSS DER NATUR AUF DIE PERSÖNLICHKEIT DES MENSCHEN WIDER.

Das Medizinrad unterteilt die menschliche Natur in zwölf Persönlichkeitstypen; jeder Typ entspricht der Natur zu einer bestimmten Zeit des Jahres. Das Medizinrad ist eine Art Landkarte, mit deren Hilfe wir unsere Stärken und Schwächen, unsere inneren Triebe, instinktiven Verhaltensweisen und auch unser wahres Potential entdecken können.

Grundlage dieser Struktur sind die vier Jahreszeiten, unterteilt durch Winter- und Sommersonnenwende sowie Frühlings- und Herbst-Tagundnachtgleiche. Jede Jahreszeit steht als Metapher für eine Phase der menschlichen Entwicklung. Der Frühling ähnelt der Kindheit, dem neuen Leben. Der Sommer entspricht der Überschwenglichkeit der Jugend und dem raschen Wachstum. Der Herbst wiederum steht für die Fülle und Erfüllung des reifen Lebens als Erwachsener, während der Winter die angesammelte Weisheit symbolisiert, auf die wir später im Leben zurückgreifen können.

Jede der vier Jahreszeiten im Medizinrad wird wiederum in drei Perioden unterteilt, so daß insgesamt zwölf Abschnitte entstehen. Die Zeit der Geburt bestimmt die Richtung, aus der wir das Leben wahrnehmen, und die Eigenschaften

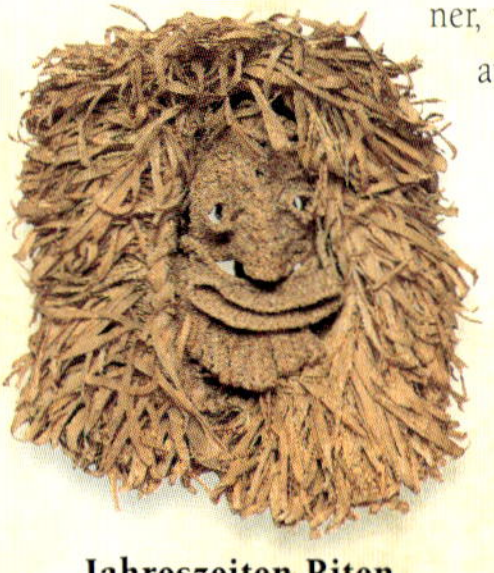

Jahreszeiten-Riten

Bei der Zeremonie zur Wintersonnenwende trugen die Irokesen Masken aus geflochtenen Maishülsen. Sie stimmten sich im Tanz auf die Energien ein, die für eine gute Ernte sorgen sollten.

Die zwölf Zeitabschnitte

der Natur in dieser Jahreszeit spiegeln sich in der Kernpersönlichkeit wider.

Jeder der zwölf Zeitabschnitte – oder jede Geburtszeit – wird nach einer Eigenschaft, einem besonderen Kennzeichen des Jahreszyklus benannt. So heißt etwa die Zeit nach der Frühlings-Tagundnachtgleiche Zeit des Erwachens, denn jetzt ist neues Wachstum angesagt; die Zeit nach der Herbst-Tagundnachtgleiche verdankt ihren Namen den fallenden Blättern, die für sie so charakteristisch sind.

DIE BEDEUTUNG DER TOTEMS

DIE INDIANER NORDAMERIKAS GLAUBTEN, DASS TOTEMS – ALSO TIERSYMBOLE – ESSENTIELLE WAHRHEITEN UND DIE VERBINDUNG ZU DEN KRÄFTEN DER NATUR VERKÖRPERN.

Ein Totem ist ein Tier bzw. ein natürliches Objekt, das wie ein Emblem bestimmte typische Eigenschaften verkörpert. Für die Indianer waren Tiere, deren Verhalten vorhersehbar ist, besonders hilfreich für die Kategorisierung von menschlichen Verhaltensmustern.

Ein Totem spiegelt bestimmte Aspekte der Persönlichkeit wider und ist ein Schlüssel zum intuitiven Wissen, das jenseits allen intellektuellen Denkvermögens liegt. Ein Totem kann geschnitzt oder auf andere Art gestaltet sein, ein Bildnis oder z.B. ein Stück Fell, eine Feder, ein Knochen, ein Zahn oder eine Klaue. Es dient als unmittelbare Verbindung zu den Energien, für die es steht. Deshalb ist ein Totem wirksamer als etwa eine Skulptur oder ein Symbol, um die nicht-physischen Mächte und gestaltenden Kräfte zu verstehen.

HAUPTTOTEMS

In der Erd-Medizin gibt es drei Haupttotems: ein Geburtstotem, ein Richtungstotem und ein Elementtotem. Das *Geburtstotem* verkörpert die Grundeigenschaften eines Menschen; sie entsprechen den dominanten Aspekten der Natur zur Zeit seiner Geburt.

Alle zwölf Geburtstotems, die sich jeweils auf eine bestimmte Geburts-

Symbol der Stärke

In den Griff dieses Messers der Tlingit sind der Kopf eines Raben und eines Bären geschnitzt, Symbole der Einsicht und Stärke.

Siegertotem
Häuptlinge oder Krieger der Fox-Indianer trugen ein Halsband aus Bärenklauen.

zeit beziehen, werden auf den Seiten 16–17 beschrieben.

Mit dem *Richtungstotem* stimmen wir uns auf die inneren Sinne ein, die über die Hauptantriebskraft unserer Bemühungen bestimmen. Jede der vier Jahreszeiten auf dem Medizinrad entspricht einer der vier Himmelsrichtungen, und jede Himmelsrichtung wird wiederum durch ein Totem verkörpert. So wird z. B. der Frühling mit dem Osten gleichgesetzt, wo die Sonne aufgeht. Er steht für eine neue Sicht der Dinge; sein Totem ist der Adler. Die vier Richtungstotems werden auf den Seiten 18–19 erläutert.

Das *Elementtotem* steht in einem Bezug zu instinktiven Verhaltensweisen. Die Grundeigenschaften der vier Elemente – Feuer, Wasser, Erde und Luft – sowie ihre Totems werden auf den Seiten 20–21 ausführlich erklärt.

Drei Affinitäten

Jede Geburtszeit hat außerdem eine Affinität zu einem bestimmten Stein, einem Baum und einer Farbe (s. S. 36–41). Über diese drei Affinitäten läßt sich in schwierigen Zeiten neue Kraft schöpfen.

»Wenn ein Mensch Erfolg haben will, sollte er sich nicht von seinen Neigungen leiten lassen, sondern von seinem Wissen um das Wesen der Tiere …« *Lehre der Teton-Sioux*

DIE ZWÖLF GEBURTSTOTEMS

JEDE DER ZWÖLF GEBURTSZEITEN WIRD DURCH EIN TOTEM VERKÖRPERT – DURCH EIN TIER, DAS DIE FÜR SIE TYPISCHEN EIGENSCHAFTEN AM BESTEN ZUM AUSDRUCK BRINGT.

Die Erd-Medizin verbindet mit jeder Geburtszeit ein Totem. Jeder Abschnitt umfaßt zwei Zeitspannen – für die nördliche und die südliche Hemisphäre. Diese Totemtiere unterstützen die Verbindung zu den jeweiligen Kräften und Fähigkeiten, für die sie stehen. Eine detaillierte Beschreibung des Falken-Geburtstotems findet sich auf den Seiten 28–29.

FALKE

21. März – 19. April (N. Hem.)
22. Sept. – 22. Okt. (S. Hem.)

Falken ergreifen gern die Initiative, sind aber mit ihren Entschlüssen oft etwas voreilig, so daß sie sie später bedauern. Sie sind lebhaft und extrovertiert und lassen sich leicht für neue Erfahrungen begeistern, aber manchmal fehlt es ihnen an Durchhaltevermögen.

HIRSCH

21. Mai – 20. Juni (N. Hem.
23. Nov. – 21. Dez. (S. Hem.

Der Hirsch ist bereit, das Alte dem Neuen zu opfern. Er verabscheut jegliche Routine, blüht auf bei Abwechslung und Herausforderungen. Hirsche haben auch eine wilde Seite, sie sind sprunghaft und stürzen sich oft unüberlegt von einer Sache oder Beziehung in die nächste.

BIBER

20. April – 20. Mai (N. Hem.)
23. Okt. – 22. Nov. (S. Hem.)

Biber sind praktisch veranlagt und beständig, zudem ziemlich ausdauernd und beharrlich. Sie sind gut im Haushalt, voller Wärme und Zärtlichkeit, brauchen jedoch Harmonie und Frieden, um nicht reizbar zu werden. Sie haben einen stark ausgeprägten Sinn für Ästhetik.

SPECHT

21. Juni – 21. Juli (N. Hem.)
22. Dez. – 19. Jan. (S. Hem.)

Mit ihrer Emotionalität und Sensibilität bringen Spechte ihnen nahestehenden Menschen viel Wärme entgegen, stellen auch bereitwillig ihre Bedürfnisse gegenüber deren Wünschen zurück. Sie haben eine lebhafte Phantasie, neigen aber auch dazu, sich zu viele Sorgen zu machen.

LACHS

22. Juli – 21. August (N. Hem.)
20. Jan. – 18. Febr. (S. Hem.)

Lachs-Geborene sind begeisterungsfähig und voller Selbstvertrauen. Sie haben gern das Sagen, sind kompromißlos und voller Kraft; manchmal wirken sie ein wenig arrogant oder nehmen sich selbst zu wichtig. Wenn sie sich vernachlässigt fühlen, sind sie schnell verletzt.

EULE

23. Nov. – 21. Dez. (N. Hem.)
21. Mai – 20. Juni (S. Hem.)

Eulen haben ein starkes Bedürfnis, sich frei auszudrücken. Sie sind lebhafte Menschen voller Selbstvertrauen und haben einen guten Blick fürs Detail. Sie sind wißbegierig und anpassungsfähig, neigen aber auch dazu, sich selbst zu überfordern. Oft sind Eulen-Menschen auch sehr mutig.

BRAUNBÄR

22. Aug. – 21. Sept. (N. Hem.)
19. Febr. – 20. März (S. Hem.)

Braunbären sind hart arbeitende, praktisch veranlagte und selbstbewußte Menschen. Wandel und Veränderung mögen sie nicht besonders; sie halten sich lieber an Altbekanntes und Vertrautes. Braunbär-Geborene bringen gern Dinge in Ordnung; sie sind gutmütig und gute Freunde.

GANS

22. Dez. – 19. Jan. (N. Hem.)
21. Juni – 21. Juli (S. Hem.)

Gans-Menschen sind Idealisten mit Weitblick und bereit, das Unbekannte zu erforschen. Sie gehen das Leben mit Enthusiasmus an, entschlossen, ihre Träume zu verwirklichen. Gans-Geborene haben einen Hang zum Perfektionismus und wirken manchmal gar zu ernsthaft.

KRÄHE

22. Sept. – 22. Okt. (N. Hem.)
21. März – 19. April (S. Hem.)

Krähen sind nicht gern allein, sondern fühlen sich in Gesellschaft am wohlsten. Normalerweise sind sie gutmütige und angenehme Zeitgenossen, doch in einer negativen Atmosphäre werden sie leicht kratzbürstig und trübselig.

OTTER

20. Jan. – 18. Febr. (N. Hem.)
22. Juli – 21. Aug. (S. Hem.)

Otter-Geborene sind freundliche, lebhafte und einfühlsame Menschen. Durch zu viele Regeln und Vorschriften fühlen sie sich behindert; deshalb machen sie oft einen etwas exzentrischen Eindruck. Sie schätzen Sauberkeit und Ordnung und haben originelle Ideen.

SCHLANGE

23. Okt. – 22. Nov. (N. Hem.)
20. April – 20. Mai (S. Hem.)

Im Zeichen der Schlange Geborene sind verschlossene, mysteriöse Menschen, die ihre Gefühle hinter einem kühlen Äußeren verbergen. Dank ihrer Anpassungsfähigkeit, Entschlußkraft und Phantasie kommen sie auch in schwierigen Lebenssituationen immer wieder auf die Beine.

WOLF

19. Febr. – 20. März (N. Hem.)
22. Aug. – 21. Sept. (S. Hem.)

Wolf-Menschen sind sensibel, intuitiv und künstlerisch veranlagt; an sie wendet man sich gern, wenn man Hilfe braucht. Sie schätzen die Freiheit und ihren Freiraum, lassen sich aber leicht von anderen beeinflussen. Sie haben eine philosophische Ader, sind vertrauensvoll und aufrichtig.

DER EINFLUSS DER HIMMELSRICHTUNGEN

DER EINFLUSS DER VIER HIMMELSRICHTUNGEN – VON DEN INDIANERN NORDAMERIKAS AUCH DIE VIER WINDE GENANNT – WIRD ÜBER INNERE EMPFINDUNGEN WAHRGENOMMEN.

Die vier Himmelsrichtungen, die »Hüter« bzw. »Behüter« des Universums, wurden von den Indianern auch als die vier Winde bezeichnet, da ihre Präsenz eher gespürt als gesehen werden kann.

RICHTUNGSTOTEMS

In der Erd-Medizin ist jeder Himmelsrichtung bzw. jedem Wind eine Jahreszeit und eine Tageszeit zugeordnet. Die drei Geburtszeiten des Frühlings – die Zeit des Erwachens, des Wachstums und der Blüte – gehören alle zum Osten und zum Morgen. Die Himmelsrichtung der Geburtszeit beeinflußt die Natur der inneren Empfindungen.

Der Osten ist also die Himmelsrichtung des Frühlings und des Morgens; er wird mit Licht und Erleuchtung assoziiert. Sein Totem ist der Adler – ein Vogel, der hoch zur Sonne aufsteigt und aus der Höhe alles klar sehen kann.

Der Süden ist die Himmelsrichtung des Sommers und des Nachmittags. Er steht in einem Bezug zu Wachstum und Erfüllung, Fließendem und Emotionen. Sein Totem, die Maus, gilt als Symbol für

»Denke daran … der Kreis des Himmels, die Sterne, die übernatürlichen Winde, die Tag und Nacht atmen … die vier Himmelsrichtungen.« *Lehre der Pawnee*

Die vier Himmelsrichtungen

Jede Himmelsrichtung steht in Beziehung zu einer Jahreszeit, einer Tageszeit und auch zu einer Grundfunktion: der Osten zu Entscheiden, der Süden zu Geben, der Westen zu Halten und der Norden zu Empfangen.

Fruchtbarkeit, Gefühle und für die Gabe der detaillierten Wahrnehmung.

Der Westen ist die Himmelsrichtung des Herbstes und des Abends. Er steht für Transformation – vom Tag zur Nacht, vom Sommer zum Winter – und die Fähigkeit zur Innenschau, zum Bewahren und Erhalten. Das Totem des Westens ist der Grizzlybär, der innere Kraft verkörpert.

Der Norden schließlich ist die Himmelsrichtung des Winters und der Nacht; er entspricht dem Geist und geistiger »Nahrung« – also Wissen. Sein Totem ist der von den Indianern hoch verehrte Büffel.

DER EINFLUSS DER ELEMENTE

DIE VIER ELEMENTE – LUFT, FEUER, WASSER UND ERDE – DURCHDRINGEN ALLES UND WEISEN AUF DIE NATUR DER BEWEGUNG UND DIE ESSENZ DESSEN HIN, DER DU BIST.

Die Elemente sind nicht greifbare Qualitäten, die den essentiellen Zustand oder Charakter von allem, was ist, beschreiben. In der Erd-Medizin sind die vier Elemente mit vier Grundformen der Aktivität verbunden und weisen auf unterschiedliche Aspekte des Selbst hin. Luft drückt die freie Bewegung in alle Richtungen aus; sie steht mit dem Verstand und dem Denken in Verbindung. Feuer deutet auf expansive Bewegung hin und hat einen Bezug

Elementprofil

Die Element-Konfiguration des Falken ist Feuer von Feuer. Grundelement und Elementaspekt sind also gleich.

zur geistigen Ebene und zur Intuition. Wasser bedeutet Fließen; es steht mit der Seele und den Emotionen in Beziehung. Die Erde schließlich symbolisiert Stabilität und entspricht dem physischen Körper und den Empfindungen.

Zuordnung der Elemente

Auf dem Medizinrad steht jedes Element für eine Himmelsrichtung – Feuer im Osten, Erde im Westen, Luft im Norden und Wasser im Süden. Dies sind die vier Grundelemente. Dann gibt es noch die Elementaspekte, nämlich die Verbindung der vier Elemente mit den zwölf einzelnen Geburtszeiten. Sie folgen im Medizinrad zyklisch aufeinander, Grundlage ist die Einwirkung der Sonne (Feuer) auf die Erde, woraus Atmosphäre (Luft) und Kondensation (Wasser) entstehen.

Die drei Geburtszeiten, die einen Elementaspekt gemeinsam haben, gehören der gleichen Elemente-Familie bzw. einem »Klan« an und haben ein Totem, das die wesentlichen Eigenschaften aufzeigt. Falken-Geborene gehören zum Habicht-Klan (s. S. 34–35).

Elementbetonung

Bei jeder Geburtszeit dominieren normalerweise die Eigenschaften des Elementaspektes die des Grundelementes, obgleich beide zu der ganz speziellen Konfiguration beitragen (für den Falken s. S. 34–35). Bei Falke, Specht und Otter sind das Grundelement und der Elementaspekt identisch (z.B. Luft von Luft); Menschen mit diesen Totems verleihen ihrem Element einen sehr intensiven Ausdruck.

DER EINFLUSS DES MONDES

DER ZU- UND ABNEHMENDE MOND WÄHREND DER VIER MONDPHASEN WIRKT ENTSCHEIDEND AUF DIE PERSÖNLICHKEITSBILDUNG UND DAS STREBEN DES MENSCHEN EIN.

Für die Indianer zeigten Sonne und Mond die aktiven bzw. rezeptiven, also empfangenden Energien in der Natur (s. S. 24) an. Mit ihrer Hilfe wurde auch die Zeit »gemessen«. Der Einfluß der Sonne wurde mit bewußter Aktivität, mit Verstand und Willenskraft in Verbindung gebracht; der Einfluß des Mondes stand für unbewußte Aktivität und für die emotionalen und intuitiven Aspekte der menschlichen Natur.

Der zunehmende Mond

Diese Mondphase dauert ungefähr elf Tage an. Sie leitet eine Zeit des Wachstums ein und ist somit ideal für das Entwickeln neuer Ideen und die Konzentration auf neue Projekte.

Der Vollmond

In der Vollmondphase – ungefähr drei Tage – erreicht die Kraft des Mondes ihren Höhepunkt. Jetzt kann das, was in der zunehmenden Mondphase entwickelt wurde, vollendet werden.

Die vier Mondphasen

Der 29tägige Mondzyklus ist in vier Phasen unterteilt. Jede Phase ist Ausdruck einer bestimmten Form von Energie, vergleichbar mit den Wachstumsphasen einer Blütenpflanze im Lauf der Jahreszeiten: knospen (zunehmender Mond), volle Blüte (Vollmond), verwelken (abnehmender Mond) und keimen (Neumond). Der Einfluß dieser Phasen macht sich in der Entwicklung der Persönlichkeit, aber auch im Alltag bemerkbar.

Die Energie des Mondes zum Zeitpunkt der Geburt wirkt sich stark auf die Persönlichkeit aus. So sind beispielsweise Menschen, die bei Neumond geboren wurden, eher introvertiert, während Vollmond-Geborene sich im allgemeinen stärker nach außen orientieren. Wer bei zunehmendem Mond geboren wurde, ist eher extrovertiert, wer bei abnehmendem Mond zur Welt kam, dagegen eher reserviert und zurückhaltend. Mit Hilfe einer Mondtabelle kann jeder seinen persönlichen Mondstand am Tag der Geburt herausfinden.

Auch auf den Alltag kann sich eine harmonische Einstimmung auf die Mondphasen sehr positiv auswirken. Durch bewußtes Arbeiten mit den vier Phasen lassen sich die jeweiligen Energien erfahren. Die Abbildungen und Texte unten beschreiben eine indianische Sichtweise der Auswirkungen der vier Phasen des Mondes auf das Leben des Menschen.

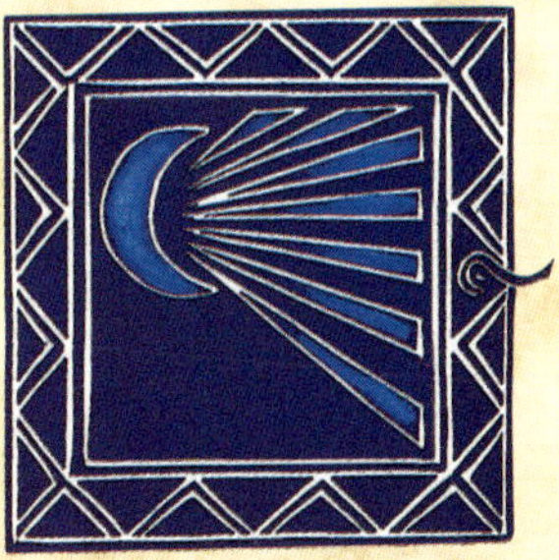

Der abnehmende Mond

Dies ist die Zeit für Veränderungen. Diese Phase – etwa elf Tage – eignet sich gut für Verbesserungen, Umstellungen und um unnötigen Ballast abzuwerfen.

Der Neumond

Ungefähr vier Tage lang ist der Mond vom Himmel verschwunden. Dies ist die Zeit für kontemplative Betrachtung des Erreichten und für das Keimen von Neuem.

DER EINFLUSS DES ENERGIEFLUSSES

DAS MEDIZINRAD SPIEGELT DAS VOLLKOMMENE GLEICHGEWICHT DER AKTIVEN UND REZEPTIVEN ENERGIEN WIDER, DIE EINANDER IN DER NATUR ERGÄNZEN.

Energie durchfließt die Natur auf zwei komplementäre Arten, die man als aktiv und rezeptiv bzw. männlich und weiblich bezeichnen kann. Das aktive Energieprinzip hat einen Bezug zu den Elementen Feuer und Luft, das rezeptive Prinzip zu Wasser und Erde.

Bei allen zwölf Geburtszeiten ist eine aktive oder rezeptive Energie mit dem jeweiligen Elementaspekt verbunden. Die beiden Energieprinzipien wechseln einander auf dem Medizinrad ab und schaffen so ein Gleichgewicht von aktiven und rezeptiven Energien, wie es auch in der Natur besteht.

Aktive Energie entspricht der Sonne und bewußtem Handeln. Unter diesem Prinzip geborene Menschen streben nach Erfahrung. Sie sind begrifflich orientiert, tatkräftig, extrovertiert, praktisch veranlagt und denken analytisch. Die rezeptive Energie wird mit dem Mond in Verbindung gebracht sowie mit unbewußtem Handeln. Solche Menschen lassen Erfahrungen lieber auf sich zukommen. Sie sind intuitiv, nachdenklich und emotional veranlagt, wollen umsorgen und bewahren.

DAS WAKAN-TANKA

Im Herzen des Medizinrades liegt in einem Kreis die S-Form, das Symbol für die Quelle, die allem Leben spendet, was auch immer eine physische Form annimmt – scheinbar aus dem Nichts. Die Prärie-Indianer Nordamerikas nannten es Wakan-Tanka – die Große Macht. Diese Kraft läßt sich auch als Energie verstehen, die Form annimmt, oder als Form, die wieder zu Energie wird – im unendlichen Fluß des Lebens.

DER FALKE

DEIN PERSÖNLICHKEITS-PROFIL

JAHRESZEIT DER GEBURT

ZEIT DES ERWACHENS

IN DIESER GEBURTSZEIT IST DIE AUFBRUCHSTIMMUNG DES FRÜHLINGS ZU SPÜREN; SIE VERLEIHT DEN FALKEN-GEBORENEN IHRE KRAFT UND BEGEISTERUNGSFÄHIGKEIT.

Die Zeit des Erwachens gehört zu den zwölf Geburtszeiten, die das Jahr in zwölf Jahreszeiten-Abschnitte unterteilen (s. S. 12–13). In dieser ersten Periode des Frühlingszyklus nach dem Winter nimmt die Kraft der Sonne wieder zu und kündet eine Zeit des schnellen Wachstums an.

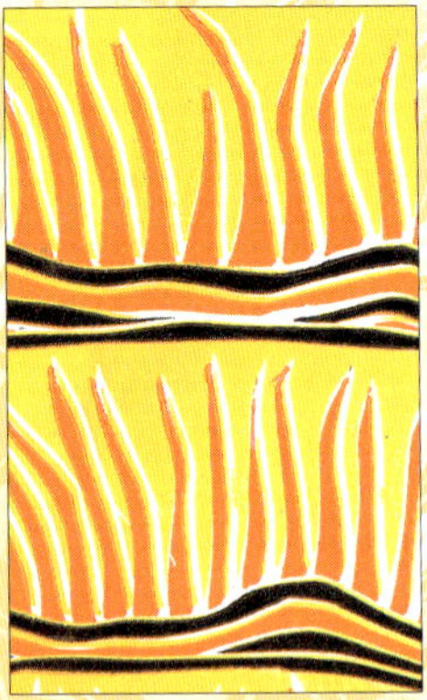

EINFLUSS DER NATUR

Die charakteristischen Eigenschaften der Natur zu diesem Zeitpunkt zeigen sich auch in der Natur des Menschen, der in dieser Zeit das Licht der Welt erblickt. Wie die Natur aus ihrem Winterschlaf zu neuem Leben erwacht, sind die Menschen, die jetzt geboren werden, voller Leben und Enthusiasmus. Es ist, als ob auch sie gerade aus einem erfrischenden Schlaf erwacht wären – voller Tatendrang nach der langen Ruhepause. Ihr kraftvolles, extrovertiertes Wesen entspricht den frischen, warmen Frühlingswinden, die alle Menschen jetzt wieder hinaus ins Freie locken.

Wie die jungen Triebe aus dem Boden schießen, zieht es die in dieser Zeit geborenen Menschen in die Welt hinaus – voller Ideen, die nach Entfaltung suchen. Mit ihrer Begeisterungsfähigkeit und ihrer Zuversicht wollen sie neue Vorhaben verwirklichen und etwas in Bewegung setzen.

Ihr Pioniergeist läßt sie häufig eine Führungsrolle einnehmen, andere folgen ihnen gern.

Lebensphase

Diese Zeit des Jahres entspricht dem der Kindheit eigenen Drang, unsere persönliche Identität zu entwickeln, indem wir unseren eigenen Willen entdecken und einsetzen.

Wie Kinder haben auch Falken-Geborene wenig Interesse an dem, was vergangen ist oder in der Zukunft liegt. Sie leben in der Gegenwart, haben Spaß und Freude an dem, was sie gerade tun. Auch in ihrer Ungeduld, ihrem Übermaß an Energie und ihrer Entwicklungsfähigkeit erinnern sie an Kinder. Ihre Begeisterung fürs Lernen kann ihnen zu einer schnellen Entwicklung verhelfen.

Sein Potential verwirklichen

Bei Falken-Menschen muß es immer schnell gehen. Sie nehmen zwar jede neue Herausforderung in Erwartung des Erfolges begeistert an, verlieren aber rasch das Interesse, wenn sich die erwünschten Resultate nicht gleich einstellen. Wenn sie ihre Ideen jedoch tatsächlich in die Wirklichkeit umsetzen wollen, sollten sie mehr Geduld und Ausdauer entwickeln. Wie die Knospen im Frühjahr sind ihre Ideen zwar vielversprechend, brauchen aber sorgfältige Pflege, um wirklich zu voller Blüte gelangen zu können. Falken-Menschen müssen lernen, daß das Anpassen ihrer Vorstellungen an die Realität nicht bedeutet, ihre Ideale und Prinzipien zu gefährden. Auch wenn sie einmal einen Rat annehmen, verlieren ihre Ideen dadurch nichts von ihrem Wert.

Die Energie der Natur

In diesem ersten Frühjahrszyklus nach der Frühlings-Tagundnachtgleiche zeigt sich überall das neue Leben. Die Pflanzen treiben Knospen, die Bäume blühen und tragen das erste zarte Grün.

»Das Leben ist ein Kreis von Kindheit zu Kindheit; so ist es mit allem, in dem Kraft fließt.« *Lehre des Black Elk*

DAS GEBURTSTOTEM
DER FALKE

DAS WESEN UND DAS CHARAKTERISTISCHE VERHALTEN DES FALKEN SIND AUSDRUCK DER PERSÖNLICHKEIT VON MENSCHEN, DIE IN DER ZEIT DES ERWACHENS ZUR WELT KOMMEN.

Wie ihr Totemtier, der Falke, sind Menschen, die in der Zeit des Erwachens geboren werden, voller Energie, begeisterungsfähig, impulsiv und haben hohe Prinzipien. Außerdem sind Falken-Geborene unabhängige, leidenschaftliche und unternehmungslustige Menschen und blühen auf, wenn ständig etwas los ist und sie sich in keiner Weise eingeschränkt fühlen.

Dank ihrer Energie und Wißbegier erkunden sie gern neue Orte und Ideen. Ihre impulsive Art und ihr Idealismus führen allerdings dazu, daß sich manche ihrer Vorstellungen nur schwer umsetzen lassen. Falken-Menschen neigen auch zu übereilten und unüberlegten Entscheidungen. Sie sollten sich die Zeit nehmen, über alle Aspekte nachzudenken, bevor sie sich auf etwas Bestimmtes einlassen.

Falken-Geborene gehen neue Projekte und Beziehungen zwar mit Begeisterung an, verlieren mit der Zeit aber leicht das Interesse, wenn etwas oder jemand Neues sie ablenkt. Sie sollten also mehr Ausdauer und Geduld entwickeln, damit sich ihr Einsatz wirklich lohnt und sie in Beziehungen echte Erfüllung finden.

Dank ihrer Unabhängigkeit und Selbstsicherheit ergreifen Falken-Geborene im Beruf wie im Privatleben gern die Initiative. Sie kommen gut allein zurecht; ihre Begeisterung und ihr Pioniergeist wirken jedoch regelrecht ansteckend. Das macht sie zu beliebten und geachteten Führungspersönlichkeiten, die immer auf die Unterstützung anderer zählen können.

Gesundheit

Ihr ständiger Drang nach Aktivität macht Falken-Menschen anfällig für Streß, Bluthochdruck, Kopfschmerzen und nervliche Störungen. Sie sollten darauf achten, regelmäßig auszuspannen und ihre »Batterie« wieder aufzuladen.

Falken-Stärke

Mit seinem Mut und seiner Schnelligkeit bringt der Falke auch die Freiheitsliebe, das Selbstvertrauen und den Pioniergeist der leidenschaftlichen Falken-Menschen zum Ausdruck.

DER FALKE UND BEZIEHUNGEN

DIE ENTHUSIASTISCHEN UND IMPULSIVEN FALKEN-MENSCHEN SIND ANREGENDE FREUNDE UND LEIDENSCHAFTLICHE PARTNER, KÖNNEN ABER AUCH SEHR BESITZERGREIFEND WERDEN.

Die überschwenglichen Falken-Geborenen sind charismatische Führungspersönlichkeiten. Mit ihrer extrovertierten Art sammeln sie eine ganze Schar von Freunden um sich. Doch da sie – wie ihr Totemtier – ihre Freiheit und ihre Unabhängigkeit lieben, haben sie lieber selbstbewußte Menschen um sich als irgendwelche »Mitläufer« – im Privatleben wie im Beruf. Ihre Offenheit kann wahre Freunde manchmal irritieren und befremden, sie sollten also ihre Zunge lieber ein wenig im Zaum halten.

LIEBESBEZIEHUNGEN

Ihr lebhaftes Vorstellungsvermögen und ihr Hang zur Phantasie kann dazu führen, daß Falken-Menschen unrealistische Erwartungen an ihren Partner haben. Der Falken-Mann ist in der Liebe ein Wirbelwind, manchmal aber auch arrogant und rücksichtslos; die romantische Falken-Frau spielt gern die Verführerin, neigt aber zu Rechthaberei. Beide sind leidenschaftliche Liebhaber, können jedoch sehr besitzergreifend werden.

Ihre Tendenz zu überstürztem Handeln kann dazu führen, daß Falken-Geborene in unpassenden Beziehungen landen. Selbst mit dem idealen Partner lassen sie sich nur ungern auf Verpflichtungen ein. Sie sollten sich Zeit nehmen und so allmählich Nähe aufbauen.

UMGANG MIT DEM FALKEN

Falken-Menschen sind impulsiv und lieben ihre Freiheit. Jeden Versuch, sie einzuschränken, erleben sie als Druck oder Bedrohung. Fühlen sie sich dagegen geliebt und anerkannt, bleiben sie freiwillig. Der beste Weg im Umgang mit Falken-Geborenen ist, vital wie sie selbst und mit einer positiven Einstellung und viel Enthusiasmus auf sie zuzugehen.

DER FALKE UND DIE LIEBE

Falke und Falke: Diese Beziehung kann aufregend und feurig werden – vor allem, wenn beide ihre Ich-Bezogenheit und ihr Konkurrenzdenken überwinden.

Falke und Biber: Keine einfache Beziehung; das Sicherheitsbedürfnis des Bibers löst beim überschwenglichen Falken Unbehagen aus.

Falke und Hirsch: Die Unternehmungslust des Falken paßt zum lebhaften Hirsch; die beiden können also ein lebensprühendes Paar abgeben – allerdings müssen sie »auf der Erde« bleiben.

Falke und Specht: Der Falke fühlt sich zum charmanten, sinnlichen Specht vielleicht hingezogen, kann dessen besitzergreifende Art allerdings nur schwer ertragen.

Falke und Lachs: Für den unabhängigen Falken ist die Herrschsucht des Lachses ein Ärgernis; doch beide sind warmherzig und können so vieles ausgleichen.

Falke und Braunbär: Die stürmische Art des Falken liegt dem beständigen Braunbären eigentlich nicht; dennoch kann sich zwischen den beiden eine anregende Beziehung entwickeln.

Falke und Krähe: Beide bestärken die Träume des anderen; doch für die eher geduldige Krähe sind die schnellen Entschlüsse des Falken nichts.

Falke und Schlange: Die beiden ziehen sich an wie zwei Magneten, wollen aber beide recht haben – da sprühen die Funken.

Falke und Eule: Der Falke braucht Herausforderungen; die Eule ist ein unternehmungslustiger Idealist. Wenn sich beide gegenseitig respektieren, kann es also zu einer erfüllenden Beziehung kommen.

Falke und Gans: Diese beiden ziehen sich an; doch für die sicherheitsbedürftige Gans ist der Falke oft zu rücksichtslos – es geht also auf und ab in der Beziehung.

Falke und Otter: Der Falke ist ein Macher, der Otter läßt gern machen; diese Partnerschaft kann also für beide produktiv und befriedigend sein.

Falke und Wolf: Die Leidenschaft des Falken scheint nicht zur Sensibilität des Wolfes zu passen; doch mit etwas Mühe und Einfühlungsvermögen können die beiden ein gutes Paar abgeben.

DAS RICHTUNGSTOTEM
DER ADLER

DER ADLER SYMBOLISIERT DEN EINFLUSS DES OSTENS AUF FALKEN-GEBORENE, DIE SICH HERAUSFORDERUNGEN STELLEN UND NACH GEISTIGER UND SPIRITUELLER BEWUSSTHEIT STREBEN.

Adlermaske

Dieser Kopfschmuck eines Tlingit-Schamanen repräsentiert den Adler, ein Symbol für Weitblick.

Die Zeit des Erwachens, des Wachstums und der Blüte liegen auf dem Medizinrad alle in dem Viertel, das dem Osten bzw. dem Ostwind zugeordnet ist.

Der Osten entspricht dem Frühling und der Morgendämmerung; er steht für einen neuen Anfang, für Offenheit, Erleuchtung und Wiedererwachen. Die Kraft des Ostens beeinflußt vor allem die geistige Ebene. Sie liegt hauptsächlich in der Entscheidungsfindung. Das Totem des Ostens ist der weitblickende Adler, der hoch in den Himmel aufsteigt.

Der besondere Einfluß des Ostens auf Falken-Menschen zeigt sich in ihrer Aufgeschlossenheit, die Harmonie und Bewußtheit schafft. Der Ostwind zu dieser Geburtszeit wird vor allem mit neuem Leben in Verbindung gebracht, aber auch mit der Erleuchtung, die einem vorurteilsfreien Geist zuteil werden kann. Außerdem steht er für aufregende neue Möglichkeiten und Herausforderungen.

ADLER-EIGENSCHAFTEN

Der Adler steigt hoch in den Himmel empor. So verkörperte er für die Indianer hehre Ideale und hohe Prinzipien. Er symbolisierte aber auch die Erleuchtung, die jenen zuteil wird, die Zugang zum Geist und zur Quelle des Lebens fin-

Der Geist des Ostens

Im Osten geht die Sonne auf – ein Symbol des Neubeginns; das Adler-Totem steht für Erleuchtung und Entschlossenheit.

den. Zudem kann der Adler mit seinem scharfen Blick selbst kleine Dinge aus großer Entfernung wahrnehmen; daher wird er mit Voraussicht und Handlungsbereitschaft gleichgesetzt. Wenn der Adler hoch am Himmel schwebt, nimmt er die Landschaft als Ganzes genauso wahr wie jedes einzelne Detail.

Menschen mit diesem Richtungstotem haben meist feste Grundsätze, aber auch einen unabhängigen, abenteuerlustigen Geist – immer auf der Suche nach neuen Horizonten. Das Denken dieser Menschen ist auf die Zukunft gerichtet, sie können den Blick von Einzelheiten lösen und das Gesamtbild und dessen Sinn erfassen. Ihre Fähigkeit, ins Herz der Dinge zu schauen und deren Wesen zu erkennen, verhilft ihnen zu weisen Entscheidungen und zu entschlossenem Handeln.

DAS ELEMENTTOTEM
DER HABICHT

WIE DER HABICHT, DER SICH BLITZSCHNELL AUF SEINE BEUTE STÜRZT, ERGREIFEN AUCH FALKEN-MENSCHEN DIE INITIATIVE UND SEHNEN SICH NACH NEUEN HERAUSFORDERUNGEN.

Der Elementaspekt des Falken – wie auch der des Lachses und der Eule – ist Feuer. Alle drei Zeichen gehören also zur gleichen Elemente-Familie bzw. zu einem ganz bestimmten »Klan« (s. »Der Einfluß der Elemente«, S. 20–21).

DER HABICHT-KLAN

Das Totem jedes Klans gibt Einblick in die wesentlichen Eigenschaften. Das Totem des Elemente-Klans Feuer ist der Habicht; er steht für eine impulsive, enthusiastische Natur mit viel Pioniergeist. Der Habicht ist schnell und scharfsichtig; er stürzt ganz plötzlich auf seine Beute herab, ergreift jede Gelegenheit. Menschen dieses Klans haben eine ausgesprochen lebhafte Persönlichkeit, übernehmen gern die Führung und zeichnen sich durch ein schnelles und intuitives Verständnis aus.

Sprühen vor Leben
Der Habicht symbolisiert die Grundeigenschaften des Feuers: Energie und Enthusiasmus.

Diese impulsiven und kreativen Optimisten wagen gern etwas Neues und reißen mit ihrer Begeisterung andere Menschen regelrecht mit. Einschränkungen, Langeweile und Routine mögen sie überhaupt nicht. Sie lassen sich oft von plötzlichen Eingebungen motivieren und brauchen ständig Anregungen und neue Herausforderungen, mit denen sie sich in ihrer Phantasie beschäftigen können.

Feuer von Feuer
Das Element Feuer nährt das Feuer; das schafft großen Enthusiasmus und Inspiration.

Elementprofil

Bei Falken-Menschen wird der vorherrschende Elementaspekt – enthusiastisches Feuer – durch das Grundelement – ebenfalls Feuer – noch verstärkt. Wer in dieser Zeit zur Welt kam, sprüht also meist vor Vitalität und hat jede Menge Energie. Seine intensive Persönlichkeit macht es ihm möglich, in seiner Umgebung grundlegende Veränderungen in Gang zu setzen.

Falken-Menschen mit ihrer ungezähmten Feuer-von-Feuer-Konstellation und ihrer immer schnell auflodernden Begeisterung verlieren leicht die Geduld und das Interesse an einem Projekt – oft schon auf halbem Weg. So werfen sie die Flinte manchmal bereits ins Korn, bevor sie ihr Ziel erreicht haben; dann fühlen sie sich jedoch häufig unzufrieden, frustriert und unausgefüllt.

In solchen Augenblicken, bei Erschöpfung oder zuviel Streß kann die folgende Revitalisierungs-Übung helfen: Durch deine natürliche Affinität zu Feuer reagierst du positiv auf die wärmende Energie der Sonne oder auf die frische Luft nach einem reinigenden Sturm. Such dir also einen ruhigen Platz im Freien, abseits von Verkehrslärm und Hektik.

Beim langsamen, tiefen Einatmen läßt du dich von der Kraft der strahlenden Sonne wärmen. Spür, wie mit jedem Atemzug stärkende Lebenskraft dich mit innerem Licht erfüllt und Körper, Geist und Seele mit Energie auflädt.

STEIN-AFFINITÄT
FEUEROPAL

MIT HILFE DES EDELSTEINS, DER MIT UNSEREM UREIGENEN WESEN IN RESONANZ STEHT, KÖNNEN WIR UNS DIE KRAFT DER ERDE ERSCHLIESSEN UND UNSERE INNEREN STÄRKEN ERWECKEN.

Edelsteine sind in der Erde entstandene Mineralien; dieser Prozeß verläuft äußerst langsam, aber kontinuierlich. Die Indianer schätzten diese Steine nicht nur wegen ihrer Schönheit, sondern auch weil sie buchstäblich Teil der Erde sind und so deren Lebenskraft in sich tragen. Für sie waren Edelsteine »lebendige« Energieleitsysteme, die auf unterschiedlichste Weise eingesetzt werden konnten – zum Heilen, zum Schutz oder zum Meditieren.

Jeder Edelstein hat eine spezifische Energie bzw. Schwingung. Auf dem Medizinrad wird jeder Geburtszeit ein Stein zugeordnet, dessen Energie in Resonanz steht mit dem Wesen der in dieser Zeit geborenen Menschen. Durch diese »Seelen-Verwandtschaft« kann der jeweilige Stein den Menschen in Harmonie mit der Erde bringen und sein inneres Gleichgewicht wiederherstellen. Er kann gute Eigenschaften verstärken und weiterentwickeln und dem Menschen die Fähigkeiten verleihen, die er benötigt.

Feueropal mit Facetten
Der Feueropal ist der Stein der Idealisten, deren Suche nach der Wahrheit nicht dem Kopf, sondern dem Herzen entspringt.

ENERGIERESONANZ

Falken-Menschen haben eine Affinität zum Feueropal, einem durchscheinenden orange- bis rotfarbenen Stein, der sich stark von den anderen Opalen mit ihrer milchigweißen, schwarzen oder irisierenden Farbe unterscheidet. Das Grundelement der Falken-Geborenen ist Feuer,

DEINEN STEIN AKTIVIEREN

Der Feueropal wird unter fließendem kaltem Wasser gereinigt und sollte dann an der Luft trocknen. Danach führst du ihn mit beiden Händen zum Mund und bläst drei- bis viermal kräftig darauf, um ihn so mit deinem Atem zu durchdringen und zu prägen.

Als nächstes nimmst du deinen Stein fest in die Hand und heißt ihn still als Freund und Helfer in deinem Leben willkommen.

In Streßsituationen kannst du mit einem Feueropal über das Problem meditieren und Klarheit finden. Dazu suchst du dir ein ruhiges, ungestörtes Fleckchen, setzt dich hin und hältst den Stein in der linken Hand, die feinstoffliche Energien am besten aufnehmen kann. Dann konzentrierst du dich auf das Problem und suchst mit Hilfe des Steins nach einer Lösung. Hör auf die leise Stimme deines Inneren Selbst.

und das »Feuer« in ihrem Seelen-Stein steht für die innere Flamme der Inspiration und Einsicht. Der Feueropal verstärkt die Fähigkeit, sich auf eine ganz bestimmte Sache zu konzentrieren. Die Indianer schätzten ihn als Hilfe bei Fieber und Infektionen und zur Stärkung der Sehkraft; er soll die innere und äußere Klarheit förden.

Die Macht des Feuers

Der Opal entspannt; er sollte nicht ständig getragen, sondern nur in die Hand genommen werden, um mental zur Ruhe zu kommen.

Falken-Geborenen kann ihr Stein helfen, verwirrende und stressige Situationen zu lösen. Er stärkt die Intuition und schärft den Geist; damit ist er eine wertvolle Hilfe, um Veränderungen, die das Leben mit sich bringt, zu verstehen.

»Die Kontur des Steines ist rund; die Macht des Steines ist unendlich.« *Lehre der Lakota-Sioux*

BAUM-AFFINITÄT
ULME

WER SICH MIT SEINEM »SEELEN-BAUM« VERBINDET, GELANGT ZU EINEM TIEFEREN VERSTÄNDNIS SEINER EIGENEN NATUR UND KANN DIE IN IHM SCHLUMMERNDEN KRÄFTE WECKEN.

Bäume sind von außerordentlich großer Bedeutung für die Erhaltung der Natur und des atmosphärischen Gleichgewichts – eine wesentliche Voraussetzung für das Überleben der ganzen Menschheit.

Die Indianer bezeichneten Bäume als das »Stehende Volk«, denn sie stehen fest und sicher da und beziehen ihre Kraft aus der Verbindung mit der Erde. So lehren sie uns Menschen, wie wichtig es ist, geerdet zu sein und zugleich nach höheren Werten zu streben. Wer Bäume als lebendige Wesen achtet, kann mit ihrer Hilfe Einsicht in die Abläufe in der Natur und auch im eigenen Inneren gewinnen.

Auf dem Medizinrad wird jeder Geburtszeit ein bestimmter Baum zugeordnet, dessen Grundeigenschaften das Wesen der in dieser Zeit geborenen Menschen beeinflussen. Der Baum der Falken-Menschen ist die Ulme. Dieser hohe, stattliche Baum war lange Zeit als Bauholz sehr geschätzt, denn sein Holz ist sehr hart, haltbar und widerstandsfähig – selbst Wasser kann ihm nichts anhaben.

Die Ulme zeichnet sich vor allem durch Unverwüstlichkeit und Stärke aus. Wenn Falken-Menschen also vor lauter Begeisterung für eine Sache ungeduldig und blind

DICH MIT DEINEM BAUM VERBINDEN

Schätze die Schönheit deines Seelen-Baumes; lerne seine Natur gründlich kennen, denn sie entspricht deiner eigenen.

Die Ulme ist ein majestätischer Baum mit gefurchter dunkelgrauer Rinde und meist doppelt gesägten hellgrünen Blättern. Wo auch immer sie wächst, kann sie mit ihren weit ausladenden Ästen einer Vielzahl anderer Pflanzen Schutz und willkommenen Schatten spenden.

Die folgende Übung hilft, die innere Kraft neu zu beleben: Du stehst neben deinem Seelen-Baum, legst die Handflächen an den Stamm und die Stirn auf die Handrücken. Dann atmest du langsam ein und spürst, wie die Energie aus den Baumwurzeln durch deinen ganzen Körper strömt. Du kannst dir auch einen Zweig oder ein Stück Holz deines Seelen-Baumes besorgen und als Totem und Helfer zu Hause aufbewahren.

für die Bedürfnisse anderer werden, können sie durch die Verbindung mit der Ulme Zugang zu ihrer Ausdauer und Anteilnahme finden (s. Kasten oben).

INS GLEICHGEWICHT KOMMEN

Falken-Geborene sind voller Energie, Leidenschaft und Selbstvertrauen. Sie sprudeln über vor neuen Ideen und lassen sich manchmal zu impulsivem Handeln und vorschnellen Urteilen hinreißen – ein oft wenig effizienter Ansatz, der sie leicht selbstsüchtig wirken läßt. Durch die positiven Eigenschaften der Ulme können sie zu dem Gleichgewicht finden, das sie brauchen.

Wenn Falken-Geborene spüren, daß sie vor lauter Begeisterung für ihre eigenen Ideen und Vorstellungen die Geduld oder das Mitgefühl für andere Menschen verlieren, sollten sie bei der Ulme Hilfe suchen. Deren Energie kann ihren Geist stärken und ihnen einen besseren Zugang zur mitfühlenden Seite ihres Wesens ermöglichen.

»Alle Heilpflanzen werden uns von Wakan-Tanka geschenkt; deshalb sind sie heilig.« *Lehre der Lakota-Sioux*

FARB-AFFINITÄT
GELB-GRÜN

WER SEINE POSITIVEN EIGENSCHAFTEN VERSTÄRKEN MÖCHTE, KANN MIT HILFE DER »SEELEN-FARBE« SEINEN EMOTIONALEN UND MENTALEN ZUSTAND GÜNSTIG BEEINFLUSSEN.

Jede Geburtszeit hat eine Affinität zu einer bestimmten Farbe, die am besten mit den Energien der Menschen harmoniert, die in dieser Zeit geboren werden. Diese Farbe hat einen positiven Einfluß auf die emotionale und mentale Ebene des Menschen; Farben, die nicht zur Seelen-Farbe passen, haben dagegen eher negative Auswirkungen.

Die Farbe der Falken-Menschen ist Gelb-Grün. Gelb beeinflußt vor allem den Geist; es regt zu neuen Ideen an und verstärkt die Achtsamkeit. Grün ist die Farbe der Natur und des schrittweisen Wachstums. Gelb läßt an Spontaneität, Überschwenglichkeit und Optimismus denken, Grün dagegen an Ruhe, Harmonie und Gleichgewicht. Gelb-Grün verkörpert also gebändigte Kreativität, Ideen

Farbsystem

Gelb-Grün sollte als Grundfarbe bei der Einrichtung vorherrschen, vom Geschirr über die Accessoires bis hin zu den Wänden und Böden.

DICH IN DEINE FARBE VERTIEFEN

Nimm zwei gelbe und zwei grüne Kerzen. Geh in die Mitte des Zimmers, und stell die Kerzen so um dich herum, daß die Farben sich abwechseln und ein großes Quadrat entsteht.

Nun zündest du die Kerzen der Reihe nach an, damit sie ihre Farbenergie in die Atmosphäre verströmen können. Setz dich hin und entspann dich. Genieße die ruhige, gelassene Stimmung im Zimmer, und konzentriere dich ganz auf die beiden Farben. Atme langsam und rhythmisch; spüre, wie deine Seelen-Farbe durch deinen ganzen Körper strömt und jede Zelle mit neuer Energie auflädt und erfrischt. Laß alle Gedanken und Empfindungen zu, die hochkommen, und denke darüber nach.

und Aktivitäten, die in eine sinnvolle Entwicklung eingebunden werden, und eine ausgewogene Vorgehensweise.

FARBWIRKUNG

Mit gelb-grünen Farbtönen in der Wohnung können Falken-Menschen ihre Aura und ihre positiven Eigenschaften verstärken. Ein paar gut plazierte Farbtupfer machen schon einen großen Unterschied. Ein Lampenschirm in einem gelb-grünen Farbton kann beispielsweise die Atmosphäre im Zimmer grundlegend verändern. Oder du probierst es mit ein paar Zitronen, Limonen, Äpfeln und Birnen in einer farblich passenden Schale.

Wer sein Selbstvertrauen stärken will, kann ein Kleidungsstück in seiner Farbe tragen. Wann immer du erschöpft und kraftlos bist, hilft die oben beschriebene Farbübung, emotional ins Gleichgewicht zu kommen, die Kreativität anzuregen und dich einfach rundum besser zu fühlen.

»Der Macht des Geistes sollte Ehre erwiesen werden mit seiner Farbe.« *Lehre der Lakota-Sioux*

DIE ARBEIT MIT DEM MEDIZINRAD
DER LEBENSWEG

DAS GEBURTSPROFIL KANN ALS AUSGANGSPUNKT FÜR DIE CHARAKTERLICHE ENTWICKLUNG UND DEN WEG ZU PERSÖNLICHER ERFÜLLUNG BETRACHTET WERDEN.

Jede der zwölf Geburtszeiten entspricht auch einem bestimmten Lernprozeß bzw. bestimmten »Lektionen«, die uns das Leben abverlangt. Wer sich auf diesen Lernprozeß einläßt, kann Stärken statt Schwächen entwickeln, in größerer Harmonie mit der Welt und den Menschen leben und zu innerem Frieden finden.

DER LERNPROZESS DES FALKEN

Die erste Lektion für Falken-Menschen besteht darin, mehr Urteilsvermögen zu entwickeln und maßhalten zu lernen. Sie lassen sich von ihrem leicht erregbaren Temperament schnell zu heller Begeisterung für Neues und Glanzvolles hinreißen, ohne seinen wirklichen Wert zu kennen. Wenn also wieder einmal ein verheißungsvolles neues Projekt lockt, sollten Falken-Geborene ihre Gefühle in den Griff bekommen und erst einmal mit kühlem Kopf seinen Wert beurteilen. Erst wenn sie die positiven wie die negativen Aspekte in

»Der Weg jedes Menschen zeigt sich in seinem Herzen. Dort sieht er die ganze Wahrheit des Lebens.« *Lehre der Cheyenne*

ihre Überlegungen einbezogen haben, sollten sie entscheiden, ob sie ihre beträchtliche Energie dafür einsetzen wollen.

Falken-Menschen müssen auch Geduld und Ausdauer entwickeln. Es fällt ihnen leicht, etwas Neues anzufangen und dabei den Anführer zu spielen; doch gar zu oft verlieren sie das Interesse, bevor das Projekt beendet ist. Sie können sich ihren Enthusiasmus bewahren, wenn sie ihr Vorhaben in einzelne Abschnitte und Aufgaben unterteilen. Dann können sie ihre ganze Energie auf den jeweiligen Teilbereich konzentrieren und so Schritt für Schritt ans Ziel kommen.

Die dritte Lektion des Falken heißt: anderen gegenüber weniger vertrauensselig und vorsichtiger werden. Es gibt Menschen, die die große Hilfsbereitschaft des Falken ausnützen wollen und deshalb versuchen, ihn in ihrem Interesse zu manipulieren. Bevor er solchen Zeitgenossen zu Hilfe eilt, sollte er ihre Motive genau ergründen und sicherstellen, daß er dabei seinen Grundsätzen treu bleibt.

DIE ARBEIT MIT DEM MEDIZINRAD

DIE MACHT DER MEDIZIN

DIE KRAFT DER ANDEREN ELF GEBURTSZEITEN SOLLTE GENUTZT WERDEN, UM SCHWÄCHEN IN STÄRKEN ZU TRANSFORMIEREN UND DEN HERAUSFORDERUNGEN DES LEBENS ENTGEGENZUTRETEN.

Auf dem Medizinrad ist das ganze Spektrum menschlicher Eigenschaften und Fähigkeiten repräsentiert. Die Totems und Affinitäten jeder Geburtszeit weisen auf die Grundeigenschaften der in dieser Zeit geborenen Menschen hin.

Wer wissen möchte, welche seiner Persönlichkeitsaspekte gestärkt werden müßten, sollte sich zuerst mit seinem »Lernprozeß« befassen (s. S. 42–43). Danach läßt sich anhand der anderen Geburtszeiten herausfinden, welche Totems und Affinitäten bei dieser Aufgabe helfen könnten. Das Elementprofil des Falken ist Feuer von Feuer (s. S. 34–35); zum Ausgleich brauchen Falken-Geborene die Beständigkeit der Erde, die Freiheit der Luft und die Anpassungsfähigkeit des Wassers. Das Elementprofil des Braunbären ist Erde von Wasser, die Schlange hat Wasser von Erde und der Otter Luft von Luft; über diese Geburtstotems sollten Falken-Geborene meditieren. Auch die Profile der beiden anderen Zeichen des eigenen Elemente-Klans können hilfreich sein – Lachs und Eule; so läßt sich herausfinden, wie der gleiche Elementaspekt unterschiedlich zum Ausdruck kommen kann.

Komplementär-Affinität

Der Krähe fällt es wesentlich leichter als dem Falken, geduldig und taktvoll vorzugehen.

Eine weitere Hilfe kann das gegenüberliegende Geburtstotem (Polaritätstotem) sein; es besitzt charakteristische Eigenschaften, die das eigene Totem ergänzen. Das ist die sogenannte »Komplementär-Affinität«, für den Falken also die Krähe.

WESENTLICHE STÄRKEN

Nachfolgend werden die wesentlichen Stärken der einzelnen Geburtstotems beschrieben. Wer eine schwach ausgebildete oder in einer bestimmten Situation benötigte Eigenschaft verstärken möchte, kann über das Geburtstotem meditieren, das diesem Wesenszug entspricht. Beschaff dir etwas, was dieses Totem verkörpern kann – eine Klaue, einen Zahn, eine Feder, ein Bild oder einen Ring. Laß so die Kraft, die es symbolisiert, zu deiner eigenen werden.

Falken-Medizin steht für die Kraft der scharfen Beobachtung und die Fähigkeit, entschlossen und tatkräftig zu handeln, wann immer das nötig ist.

Biber-Medizin entspricht der Gabe des kreativen und lateralen Denkens; so lassen sich alternative Möglichkeiten entwickeln, Dinge zu betrachten oder auch zu tun.

Hirsch-Medizin zeichnet sich aus durch ein sicheres Gespür für die Absichten anderer Menschen und für alles, was dem eigenen Wohlbefinden schaden könnte.

Specht-Medizin beinhaltet die Fähigkeit, einen beständigen Rhythmus im Leben zu entwickeln und beharrlich das zu schützen, was einem lieb und teuer ist.

Lachs-Medizin steht für die Stärke, mit Mut und Entschlossenheit seine Ziele auszuwählen und genug Ausdauer aufzubringen, um eine Aufgabe bis zum Ende zu verfolgen.

Braunbär-Medizin verkörpert große Energie und die Fähigkeit, hart zu arbeiten, in Zeiten der Not anderen ein verläßlicher Freund zu sein und aus seiner inneren Kraft zu schöpfen.

Krähen-Medizin entspricht der Fähigkeit, negative oder unproduktive Situationen in positive umzuwandeln und sich über Grenzen hinwegzusetzen.

Schlangen-Medizin steht für das Talent, sich veränderten Umständen leicht anpassen zu können und Übergangsphasen gut in den Griff zu bekommen.

Eulen-Medizin beinhaltet die Kraft, in Zeiten der Unsicherheit klar zu sehen und sein Leben konsequent nach seinen langfristigen Plänen auszurichten.

Gans-Medizin entspricht dem Mut, sich seine Ideale unter allen Umständen zu bewahren und sich im Leben an seine Prinzipien zu halten.

Otter-Medizin verkörpert die Fähigkeit, sich mit seinem Inneren Kind zu verbinden, innovative und idealistische Ansätze zu vertreten und die Routine des Alltags voll und ganz zu genießen.

Wolf-Medizin steht für den Mut, sich eher nach seiner Intuition und seinem Instinkt zu richten als nach seinem Intellekt und Mitgefühl für andere Menschen aufzubringen.

Wolf
Otter
Gans
Eule
Schlange
Krähe